그리움은
　　꽃이 되고

그리움은 꽃이 되고

봉하창 시조집

책을 내면서

　2002년 1월, 어쩌면 오래전의 일입니다만 저에게는 생생하게 기억나는 그날입니다. 시조에 열정을 가지신 유성규 박사님을 처음으로 뵙던 날이었지요. 그 분의 가르침을 받기 시작하면서 새로운 세상을 보았어요. 하늘을 잃고 비바람을 온 몸으로 맞으며 정신을 못 차리고 살아가던 제게 시조와의 만남은 새로운 삶의 이유가 되어버렸지요. 그렇게 시조를 배우고 익히어 시조 생활의 가족이 된 지 이제 17년째 되지요. 그 동안 왜 시조집을 내지 않았느냐고 묻는다면 아직도 시조에 대한 자신감이 부족함이라고 대답 할래요. 올해까지 35년간 학교에 근무하면서 학생들을 가르치고 학생들의 작품을 책으로 발간하는 일에는 온통 정신을 내어 주었건만 정작 제 자신을 돌아볼 여력이 부족했다고 해야 할까요?

송곳 같았던 제 성품이 조금이나마 남을 배려하는 마음으로 바뀌었던 것과 내 설움이 세상에서 가장 큰 양 엄살 부리던 모습에서 점차 벗어나 의연할 수 있었던 것도 시조와 함께 생활하게 되면서부터라고 생각해요. 깊이 사고하고 사리를 파악하여야 하며 감성을 놓치지 않아야 시조의 세계에 머무를 수 있다는 것을 몸과 마음으로 느끼게 될 무렵 저는 비로소 세상은 더불어 살아가야 한다는 것을 체감하게 되었지요. 시조는 내 존재를 인식시켜 주며 삶의 방향을 알려주는 이정표가 되었어요.
 시조는 세계적으로 자랑할 만한 전통 문학임을 많이 알리고 싶어요. 그저 골동품으로 치부하고 외국 문화에 사대사상을 가지고 있는 사람들에게 우리의 전통 시조가 얼마나 위대한지 알게 하며 그들로 하여금 스스로 참여하고 자긍심을 가지게 하는 일을 하고 싶어서 책을 내기로 마음먹었어요. 소수의 힘으로 대중의 마음을 움직일 수 있는 것이 문학의 힘이라고 생각해요.

우리 시조 생활 회원 여러분들의 지지와 소소한 활동들이 시조를 세계전통문화로 알리는 일을 하고 있어요.

봄! 봄! 봄입니다. 인생의 봄을 느끼시나요? 아직도 겨울 속에 머물러 계시나요? 훌훌 털고 봄으로 걸어 나오세요. 모든 가능성이 열려 있어요. 새싹도 꿈을 꾸는데, 개구리도 비상을 준비하는데 우리가 무엇인들 못하겠어요. 우리나라를 위해 무엇인가 하고 싶다면 우리 전통문화 하나쯤을 정확하게 알고 계승하는 일에 참여하는 것도 방법의 하나라고 생각해요. 여러분의 봄을 응원합니다. 이 시조집을 읽은 후에 여러분의 마음에 봄이 내리기를 진심으로 바래요. 때론 공감하며 고개를 끄덕이거나 눈물을 보여도 괜찮아요. 시조는 탄생이며 삶이며 위로가 될 거예요. 때론 기쁨의 향연일 수도 있고, 자신을 알아가는 과정 속에 서 있음을 발견할 거예요.

  부족함이 많은 책일 수도 있지만 진솔한 마음을 담았어요. 이 책을 내기까지 도와주신 여러분들께 감사합니다. 변함없는 시조사랑, 교단에 서는 동안 시조교육 멈추지 않겠습니다.

무술년 봄에
상경 봉하창

권두언

時調에 살고 時調에 죽겠단다 봉하창

柳聖圭

　가난한 농가의 막내딸로 태어나 고생이 몸에 밴 바지런하고 성실하면 순박한 사람 봉하창 시인, 그는 시조에 살고 시조에 죽겠단다.
　<生居鎭川 死後龍仁> '살아서는 진천에 살되, 죽어서는 용인 땅에 묻히기가 소원'이라는 이 말은 진천과 용인이 지상천국이란 말이 되겠다.
　대처(대처: 큰 도시)와는 생판 거리가 먼 농촌, 그래서 물 맑고 신선한 공기를 빨아들인 쌀은 상감님(王)이 즐기시는 진상미였고, 사람 또한 이런 청정한 땅에서 태어나 사노라면 선기를 띄게 마련이다.
　봉하창 시조시인이 바로 이런 땅인, 충청북도 진천에서 태어나고 자랐던 것이다. 머리가 명석하여 진천여중을 수석으로 졸업하고 그 후 명문여고인 청주여고를 거쳐 청주교대를 졸업하고, 다시 서울교대와 교육대학원에서 국어과를 마친 다음, 교육행정을 전공하려고 중부대학교 대학원을 졸업하였다고 한다. 평생 공부만 하고 학교만 다닌 굴지의 학구파라 할 수 있다.

봉 시인은 개인의 영광보다는 후진 양성에 뜻을 두었으므로 《시조생활》에서 등단한 지 17년이 되어도 개인 시조집을 내는 대신 문하생들의 시조집을 내었다는 것이다.

50대 후반의 봉 시인은 교직생활 35년, 현재 서울 강동구 한산초등학교에 교감으로 재직중이다. 봉 시인은 서울시 성동교육지원청을 무대로 시조교과연구회 회장직을 3년간 연임하며 시조연수, 학생시조 백일장 등을 개최하여 해마다 학생시조집을 발간하는 등 시조생활화 운동의 기념비적인 인물이 되었다. 게다가 봉 시인의 시조는 타의 추종을 불허할 정도로 특출함은 자타가 공인하고 있음을 필자가 익히 알고 있는 터이라 금년도 시천시조문학상을 그에게 수여하기로 결정하였음을 매우 기쁘게 생각한다.

예서 그의 수상작을 감상하기로 하자.

상사화

꽃 진 자리 열매 앉고 잎 진 자리 눈꽃 피네

다시 못 올 그 먼 길을 기약 없이 떠난 사람

내 사랑 떠난 자리엔 상사화만 한 송이
　　　　　　　(2018년도 시천시조문학상 수상작)

　이 시조의 내세울 점은 보편타당성이 있는 상징성이다. 일피휘지(一筆揮之) 그 깔끔한 절제력은 시조의 새 지평을 활짝 열어젖혔다. 너무나 사랑하여 헤어질 수밖에 없다는 이 순애보적인 참사랑을 은유로 표출시킨 것이다.
　시조의 정통성 단시(평시조)로 아주 쉬운 말을 동원했으되, 그 무게 곧 사상성 또는 철학성은 천 근 만 근의 무게다. 명시조는 바로 이런 것이다.

　이밖에 당선작 4편을 제시함은 봉 시인의 예술성 확보를 위한 작가 정신을 맛보기 위해서이다.

　섬

　세상이 커질수록 불빛이 환할수록
　왁자한 세상살이 사람들 북적일 때
　눈감고 귀 막아 홀로 섬이 되는 나는 나는

이 시조는 고독미가 특출하다. 참 시인은 남과의 경쟁이 아닌 자기와의 싸움인 것이다. 세속적 시인들은 자기 과시욕에 사로잡히어 자화자찬하지만 제대로 된 시인은 창작 삼매경에서 고독을 최고의 미학으로 여기는 것이다. 무인도 같은 고요와 고독을 이 시조에서 맛볼 수 있을 것이다.

아버지

말술의 아버지를 닮지는 못한 나는
막걸리 한 사발에 혼쭐나 쓰러진다.
희뿌연 눈물 속에서 너털웃음 듣는다.

 목적성이나 대중성 지향의 시공제한적 시는 설명 위주가 되지만, 순수 본격문학을 지향하는 입장에선 설명 아닌 이미지 창출에 주력하게 되는 것이다. 막걸리 한 사발에 어버이의 위대성을 부지중에 느끼게 하고, 아버지를 지극히 사랑하는 효성을 독자로 하여금 느끼게 하는 힘은 이미지 창출에 있음을 숙지할 일이다.

헌 옷의 미학

불룩한 무릎 선에 해질 듯 닳은 소매

지겨워 벗어 던진 그 마음 언제던가

어느새 어깨선을 타고 흐르는 살갗인 양 익숙함이여

　한국인 근대정신의 병폐인 '빨리빨리'와 구태를 바꾸자는 전통선 폐기를 봉 시인도 크게 뉘우친 내용의 작품이다.
　선진 문명국들은 그 나라의 전통성을 과시하는 유물을 살려두기 위해 도로를 우회하는데 반해, 한국에서는 발전이란 명목으로 유물을 부수거나 옮겨 놓고 좋아한다.
　문물은 묵을수록 좋은 법인 것을 위정자들은 하루 속히 깨닫기를 바란다.

　위로

소식이 궁금하나 묻기도 어려우니
모쪼록 잘 있으라 좋은 기운 보낸다고
펜으로 쓴 편지를 받고 보고 보고 또 읽고

　삶의 본질은 외로움이란 명언이 생각난다. 사색하고 사유하는 사람이 아니면 못 느낄 경지인 것이다.

위로 없는 세상은 얼마나 삭막하랴. 위로란 살 냄새 땀 냄새를 나누는 자비거나 박애정신의 일환이다. 가식이 아닌 참의 삶을 엿볼 수 있는 가작이었다.

이상의 수상작 말고도 《그리움은 꽃이 되고》에 실린 작품들은 한결같은 주옥편들이었음을 첨언한다. 예술가는 마지막 작품 곧 최고의 작품 하나를 얻으려고 노심초사하는 안간힘을 쓴다.

앞으로 더욱 좋은 작품을 남기시어 문단의 기린아가 되시길 빌겠습니다. 건강하시고 가내 평온 하세요.

유성규(柳聖圭)
世界傳統詩人協會 會長. 한국동시조협회 회장. 《時調生活》誌, 《우리동시조》誌 발행인.

차례

책을 내면서 4
권두언 / 柳聖圭 8
  시조에 살고 시조에 죽겠단다 봉하창

1. 사랑의 노래

 22 홀로 아리랑
 23 청실홍실
 24 개나리처럼
 25 그리움
 26 거짓말
 27 별리
 28 술래잡이
 29 첫사랑
 30 침대
 31 아리랑
 32 連理枝
 33 너를 사랑한 시간들
 34 미련
 35 이별 전야
 36 빈자리
 37 이별 순간
 38 너 떠난 후에
 39 알 수 없어
 40 사월의 조우

41 딸기밭 연가
42 공(空)
43 감춰질까?
44 님이시여!
45 그리움 2
46 꿈길
47 하루
48 사랑, 너는
49 사랑
50 상사화
51 아직은
52 한번만
53 사는 법
53 우리는
54 사랑니 빠지던 날
55 동행
56 366일
57 주홍글씨
58 사랑타령
59 인연
60 인연 2
61 사랑 2
62 홀로 가는 길
63 편지
64 그리움 3

2. 간이역에 서다

68　어떤 하루
69　길 위에서
70　단풍 연가
71　선택
72　체념
73　거짓말 2
74　지금 이 순간
75　참회
76　너에게로 가는 길
77　한 걸음 물러서서
78　여행
79　초심
80　섭리
81　간이역
82　언제나 시작
83　작가의 변(辯)
84　가을 斷想
85　초기화
86　용서
87　나침반
88　신호
89　바보 연습
90　순간에
91　나목

92 봄의 여신
93 오늘은 더
94 사랑도 기행
95 보리피리
96 비밀
97 민들에 홀씨 되어
98 행복
99 반지
100 마흔 다섯 고개
102 동행
103 운명
104 땅끝 마을에 서서
105 내 인생의 30분
106 외출
107 쉼표
108 외출 2
109 단풍나무 아래서
110 견디는 것

3. 그럼에도, 살고 싶다

112 독백
113 섬
114 고향
115 행복 2
116 허상
117 어머니
118 기도
119 무대를 내려오면
120 위로
121 유행가
122 詩는
123 바다
124 나침반 2
125 그대는 숲
126 아버지
127 詩作
128 착시
129 여백
130 청춘은 가고
131 불면증
132 달팽이처럼
133 오늘도
134 飛上
135 삶의 길목에서

136 끝은 언제나 시작
137 쉼표 2
138 문자 왔어요!
139 세상 밖으로
140 나무처럼
141 위로(慰勞)
142 새벽 나들이
144 산다는 것
145 헌옷의 미학
146 미련
147 새 봄
148 여름
149 식물인간
150 지금은 철거 중
151 가끔은 무뇌아처럼
152 유배를 거부하며
153 어떤 생일
154 삶
155 운명
156 삶
157 길
158 초혼

1. 사랑의 노래

볼 수도
만질 수도 없는
사랑의 실체를 찾아
세월에 속고 살지라도
결코 포기할 수 없는 것이 사랑이라

홀로 아리랑

빈 터에 떨군 씨앗 토담에 비 스미듯
그대를 품은 죄 모르오 난 모르오
세월을 되돌릴 수 있다면 홀로피지 않으리

설운꽃 향기로나 그대를 좇아보니
찰나에 비껴가는 밤하늘 혜성이라
내세엔 초롱꽃으로 피어 그대 밤길 맞으리

청실홍실

감히 인연이라 매듭지려 하네요
청실홍실 엮은 매듭 허리춤에 걸어두고
온종일 보고 또 봐도 보고 싶은 그대여

개나리처럼

그렇게 견뎠지요 혹한을 즐기면서
언 땅이 녹아내려 피워 낸 노란 꽃등
마침내 웃는 얼굴로 그대 앞에 섭니다.

그리움

날마다 조금씩 커지는 달빛처럼
메마른 옹달샘에 샘물이 고이듯이
누구도 거스를 수 없는 섭리 같은 것인가

가슴속 둥지 틀고 날갯짓 잊은 세월
메아리 없는 산에 공후인 노래 가락
산까치 깃을 세우며 들어줄지 모르지

거짓말

할 말이 많았는데 숨이 '턱' 막히네요.
보고파 만났는데 눈길을 한 데 두고
'왜 그래' 하는 물음에 '아무것도 아니야.'

별리

당신의 눈물샘이 그렇게 깊을 수가
차라리 울어야지 평소에 그랬듯이
오늘은 당신의 미소가 내 가슴에 비가 되고

술래잡이

오는 이 달려오고 가는 이 더디하소
빈 가지 휘돌아간 춤사위 꿈결인가
사랑굿 한 판 놀아보세 배뱅이도 울겠네

조막손 펼쳐보면 새가 되어 날아가고
꽉 다문 장지문에 빗물인 듯 배어드는
얄궂은 술래잡이여 멈추어라 이제는

첫사랑

손톱이 물든 사연 그대는 아시려나
지금은 어느 여인 손끝을 매어줄까
하이얀 모시적삼에 봉숭아꽃 물든다.

침대

두어 평 단칸방도 불평한 적 없건만

말없이 그 자리를 비워 준 미운 사람

드넓은 침대위에서 주인 잃은 베개 하나

아리랑

바람을 움켜쥐니 얄궂은 해금소리
애간장 타는 소리 아쟁이 거드는 밤
아리랑 아리랑 고개 멀어지는 한 사람

連理枝

서로 다른 나무에서 살아온 두 가지가
하나가 되기 위해 살이 트고 상처 입고
아픔을 초월해야만 얻어지는 참사랑

너를 사랑한 시간들

열일곱 단발머리 교복이 걸어오고
내 앞을 지날 때면 호흡은 가빠졌다.
그렇게 세월의 강물은 바다로 흘러 흘러

손 한 번 잡지 못한 소년은 어른이 되고
삼십년 나이테로 무던히 지킨 사랑
바보로 살아도 좋았다 널 사랑한 시간들

미련

뒷모습을 볼 수 없어 눈 감고 돌아설 때
매화꽃 향기로도 지는 해 잡지 못해
아, 나는 사랑하였는가 노을에게 묻는다.

이별 전야

긴 밤에 하늘에서 곡성이 퍼지는데
여인은 울음조차 삼키며 재새운 밤
개살구 눈치 챘을까 땅바닥을 뒹군다.

빈자리

하루가 멀다 하고 심장을 두드린 너
눈에서 멀어지면 잊을 법도 하련마는
너 없는 내 가슴 속에 사막 하나 솟는다.

이별 순간

가볍게 사랑하래 이별이 수월하게
그 말을 비웃었지 사랑을 모른다고
만개한 꽃이 지는 순간 속수무책 어쩌리

너 떠난 후에

아프지 않다고 웃었다 그 뿐이다.
그립다 말하지 않았다 한참 동안
난 그때 네가 사랑인줄 알아보지 못했다.

알 수 없어

사랑해 사랑한다. 사랑이 뭐이길래
달달한 입술에서 쉴 새 없이 쏟아지고
난 차마 말하지 못했다 내 마음을 나도 몰라

사월의 조우

오늘밤 그댈 닮은 꽃잎이 되고 싶다.
홀연히 날아들어 심장을 흔드는 너
사월을 온통 차지한 꽃비 같은 그 미소

딸기밭 연가

오뉴월 딸기밭에 인연이 탱글탱글
가난한 연인들의 실타래 풀린 사연
풋풋한 사랑이야기 익어가는 초여름

공(空)

내 너를 기다림은 모래위에 새긴 이름

썰물과 밀물 따라 저 혼자 일렁이다

마침내 바위에 부딪혀 부서지는 파도여

감춰질까?

주머니 속 송곳이 숨긴다고 감춰질까

묵향을 머금은 채 한지는 함구해도

사랑은 고목나무에 꽃을 피게 한단다.

님이시여!

당신 닮은 아들을 마주하고 있습니다.
감꽃이 떨어지듯 가을 다시 찾아오고
댓바람 새어나간 곳 그냥 내 곁 떠나가신 님

한탄강 여울물이 굽이 돌 듯 말입니다.
비워 둔 둥지라서 달빛 저리 헬쑥하고
한 떨기 국화 앞에서 옷깃 여며봅니다.

별만큼의 거리를 끌어당겨 봅니다.
그런 밤 내 가슴엔 말간 등이 걸립니다.
꿈길을 살피오소서 손길 따스하소서.

그리움 2

널뛰는 심장이 아직도 내 것인가
이지러진 달처럼 기울 때도 되었건만
봄이면 차오르는 수액처럼 도져오는 그리움

꿈길

호흡을 가로막고 두 팔을 벌리고 선
하늘색 웃음꽃에 홀린 듯 따르려니
노 저어 강을 건너며 내어젓는 손사래

꿈길이 천리든가 만리면 어떠하랴
다리가 끊어지면 무릎으로 기어가리
목숨이 다 하는 날엔 그대 곁에 갈거나

하루

잠시만 꼭 하루만 내 마음 맡아주오

조금만 아주 조금 그대 마음 빌려 주오

나에겐 하루도 천 년인걸 그대 함께 있고파

사랑, 너는

별빛도 아니어라 달빛도 아니어라
서설이 찾아드는 동짓날 새벽녘에
사랑방 군불 같더니 희나리로 남는 거

사랑

발끝에 닿는 훈풍 심장을 두드린 손
데인 듯 뜨거워라 여름날의 어질머리
찰나에 오시는 이여 영겁으로 머무소서.

상사화

꽃 진 자리 열매 앉고 잎 진 자리 눈꽃 피네

다시 못 올 그 먼 길을 기약 없이 떠난 사람

내 사랑 떠난 자리엔 상사화만 한 송이

아직은

이름만 불렀는데 기침난다 눈이 맵고
다행이야 비가 와서 눈물인지 빗물인지
아직은 울 수 있어서 시를 쓴다 살아서

작별이 수월하게 가볍게 사랑하래
감정의 폭풍우와 그리움의 폭설로
세상의 길을 잃는다 해도 잡고 싶어 내민 손

한번만

인생 길 동행할 이 그대라 믿었는데
순명도 아닌 길을 서둘러 떠난 사람
한번만 꼬옥 한번만 다시 볼 수 없을까

사는 법

나무가 사람 손길 그리워 노오랗다
하늘도 외로우면 천둥번개 부른단다
사람은 정이 그리워 가슴 한켠 타들고

우리는

탯줄로 맺은 인연 부모자식 이름하죠
육남매 형제자매 천륜이 맞는 거죠
우리는 당신과 나는 어떤 인연일까요?

사랑니 빠지던 날

지축이 흔들리고 잇몸이 들썽이고

손톱보다 조그만게 육신을 옭아맨다

너 없는 그 빈자리에 무얼 채워 넣을까

동행

길에게 길을 묻다 주저앉은 절름발이
연꽃 피던 방죽은 복개천에 내어주고
시간을 저당 잡힌 채 추억만이 일렁일렁

열일곱 갈래머리 단풍 든 붉은 얼굴
삼십년 세월에도 눈빛은 순하구나
어쩌리 보는 곳이 다르니 스쳐가는 동행일뿐

366일

촌각이 하루되고 보름달 뜨고 지면
내 마음 소경되어 기억조차 없으련만
널 위해 남겨둔 하루 나팔꽃을 닮았네.

주홍글씨

사랑은 꽃지짐 지지직 불에 데인
심장 속 주홍글씨 남 볼세라 숨겨두고
날마다 변명을 보태요 아름다운 죄라고

사랑타령

퀭하니 바라보다 기어이 터진 봇물

왜 나를 떠났느냐고 물어도 볼 수 없어!
내 삶의 깊은 곳에 떡하니 차지하고선
코빼기도 보여주지 않는 야속한 사람.
빛바랜 사진 속에 천연스레 웃는 모습
울다다 웃다가 저 혼자 미쳐 온 세월,
10년을 하루같이 여일하게 그리워하며
지치지도 않았는지 아직도 사랑타령!
그 놈의 사랑타령에 심장이 너덜너덜
춘향이 사랑가를 보태 숨 고른 시간의
조각들을 모아모아

세마치 사랑타령에 가슴 앓는 긴긴 밤

인연

눈 감은 순간에도 숨 고르던 심장소리
갓 올린 생선처럼 팔딱이던 가슴앓이
세월은 이 만치 와서 치마폭을 잡느냐

무채색 영혼이 그리는 유토피아
무심의 사유들이 빚어낸 쪽빛하늘
스치는 해후만으로도 전설속의 인연이지

인연 2

밤사이 울어버린 대지는 날 깨우고
소리 없이 찾아온 손님인 듯 낯설다.
반갑고 두려운 마음 손끝이 아려온다.

얼어붙은 마음에 아지랑이 타고 와서
지워진 그림 한 폭 또 다시 그리다가
봄처럼 설렘만 주고 여름 뒤에 숨는다.

서둘러 길을 간들 내 너를 따를 수야
떠나는 물길 따라 불현듯 뒤를 보니
너무도 멀리왔더라 비껴가는 인연인걸

사랑 2

느닷 없는 손님인가 예정된 번뇌런가
지옥과 천당을 수시로 오가면서
평생을 공양하여도 알 수 없는 그대여

홀로 가는 길

바람은 저 혼자서 천리를 앞서는데
내 마음 더딘 걸음 모래밭 아득한 길
차라리 뒷걸음질 하며 혼자 걷고 싶구나.

어설픈 손사래에 사랑은 가랑비라
사막에 내린 비는 머물 수 없나하니
선인장 가시하나로 집을 짓자 무시로

편지

수를 놓듯 말이지요 한 땀 한 땀 맘을 모아
고운 향기로도 못 그릴 그대 모습
꽃물 든 가슴 들킬세라 그저 한 번 웃지요.

첫줄을 쓰다말곤 몇 번을 고쳐 짓고
밤새워 하고픈 말 정작은 숨겨두고
애꿎은 달밤 타령에 하루해를 보태요.

그리움 3

숨죽인 독사풀이 슬며시 고개 들 때
풀잎은 노래한다 석양은 말이 없고
듣느냐 바람의 노래 님에게로 가는 거

사경을 헤매이는 신열을 칭칭감고
황진이 좇던 마음 상사화 한 송이로
손끝이 닿을 듯 말 듯 담장너머 피는 거

2. 간이역에 서다

걷다가 지치면
하늘도 보고 물가에 앉아도 보라
아무도 없는 기차를 타고
목적지를 정하지 말고
그냥 달리다보면
영혼의 자유로움이 느껴질 터이니

어떤 하루

그대를 안은 채로 걷는다 온종일
때때로 멈춘 호흡 사방은 정지 화면
그리움 그것마저도 죄스러운 하루다.

길 위에서

정신줄 놓은 듯 혼잣말이 늘어나고
인파에 묻힐수록 고요가 엄습할 때
지친 몸 지평선 위에 또아리를 튼다

처연한 그리움도 기울일 나이런만
묵혔던 잔상들이 포말로 부서지고
아꼈던 속울음을 쏟아 밤바다에 내어 준다.

하루에도 수 백 번 길에게 길을 묻다
물음표 또 물음표 쉼표 하나 보태가며
마침내 화룡점정을 찬란하게 준비한다.

단풍 연가

가을이 게 있었니 한동안 잊었는데

너는 늘 그 자리에 목덜미 붉은 채로

내 곁을 지켜왔구나 얼굴마저 붉은 오늘

선택

수시로 부딪히는 갈등의 순간이여
길고 짧은 것은 대 봐야 안다 했지
어떠한 선택의 결과도 내 삶속의 퍼즐 조각

체념

눈빛이 머물기에 내 것인 줄 알았지요
서둘러 나선 꿈길 흩어진 동상이몽
깨어진 항아리였구나 달빛이나 담으련

거짓말 2

아니었나 봅니다 내 마음이 내 것이
언제쯤 시작됐나 널 위한 내 거짓말
한번만 그대 앞에서 내 마음이 내 것이길

지금 이 순간

새 봄이 오시기에 줄래줄래 따라갔어
산수유 오는 길목 막아설 이유 없지
연분홍 치마저고리 진달래가 유혹하네

한적한 산행 길에 손잡고 가는 행복
꽃길이 곱다할까 비단길이 이만하랴
혼자가 되고 싶지 않아 이 순간이 좋아라

참회

시간이 흐른 뒤엔 이미 늦었어라
철지난 해바라기 차마 지지 못하고
무거운 고개 숙이며 햇볕 아래 석고대죄

너에게로 가는 길

내 너를 벗이라 이름을 지었구나
민들레 쑥부쟁이 채송화 강아지풀
널 닮은 들꽃 향기를 찾았구나 찾았어

널 향한 걸음마다 떨림과 설렘임은
너라서 가능했다 나여서 다행이다
지척을 돌고 돌아서 너에게로 가는 나

한 걸음 물러서서

그 때는 몰랐었지 넘어져 본 적 없어

거울을 코에 대고 제 모습에 취했었지

한 걸음 물러서 보니 거울 속에 낯선 이

여행

가슴이 떨릴 때 여행을 떠나야지
다리가 떨릴 땐 기차는 멀어지고
아직도 숨 쉬고 있거든 지금 당장 떠나라

초심

깨끗한 백지 위에 무엇을 그려볼까
작심한 삼일 만에 초점이 흔들리고
아서라 한 마음으로 평생가야 한단다.

섭리

낮추라 더 낮추라 물길의 속살거림
거스른 물길에는 성냄의 화만 일고
엎드려 두 눈을 감고 귀기울여 들어라

간이역

단촐한 가방 안에 추억을 등에 지고

세월을 되돌린다 기억의 간극으로

그대는 램프의 요정 선물 같은 간이역

언제나 시작

여긴가 저기인가 한 순간 길을 잃다
후회는 독약처럼 사람의 진을 빼지
막다른 길목이라면 만들어봐 새 길을

작가의 변(辯)

선한 눈빛 붓터치로 숲을 짓고 길을 내니
나무와 길 사이로 햇살 들고 바람 든다
영원한 현재를 담은 고백성사 같은 거

가을 斷想

봄 여름 지나온 길 만추 앞에 서성인다

아니야 되돌리고 싶지 않아 나 지금

이대로 모습이어도 감사하는 삶인 걸

초기화

초심도 잊었구나 뱃심도 사라지고
양심은 남았는지 머릿속은 아수라장
들리니 나 돌아갈래 흩어지는 기억들

용서

내 너를 용서할까 아니다 아니었다

나 스스로를 용서하지 못해서 그래서다

추락한 내 자신을 찾고 그 다음에 다음에

나침반

이정표 따라 걷고 쉬고 달리며
불쑥 찾아오는 복병도 마다 않고
그렇게 산 넘고 물 건너 내 삶은 굵어진다.

길 잃은 사막에선 하늘의 별을 보자
마음 속 나침반을 꺼내어도 좋겠지
내일은 오늘보다 가까이 오아시스 만나러

신호

긴장 풀린 영혼에 늘어진 세포 행군
온 몸이 뻭! 삐거덕 병원문턱 닳을세라
아직은 더 가야하는데 신발 끈을 조이자

바보 연습

내 삶은 추수 후에 바라 본 들녘이다.
내 줄 것 다 주고도 또 다시 꿈을 꾸는
서릿발 그 서늘함조차 마다않는 흙이다.

무욕의 샘터에서 흔들리는 물항아리
부족한 듯 돌아서야 넘치지 않으리다
비워 둔 항아리 속에 콧노래나 담으리

순간에

새소리 멈춘 곳에 그녀의 웃음소리
마알간 낮달 되어 하늘로 올라간다
잡은 손 놓친 한 순간 길을 잃다 산중에서

나목

죽은 줄 알았구나 마음으로 보아야지
혼자서 견디는 중 혹한도 내 삶이야
난 지금 기다리는 거야 새싹이랑 희망을

봄의 여신

대지의 치마폭에 감추인 뽀얀 살결
잠을 깬 자궁 내벽 잉태한 초록 꿈들
날마다 살아갈 이유를 주문처럼 틔운다.

오늘은 더

생살을 꼬집으며 꿈인지 묻는다죠
호사가 제 것인데 실감나지 않아서
사알짝 꼬집었는데 '오늘은 더' 아파요

사량도 기행

도심을 접어두고 남도 따라 삼백리길
남해의 끝자락에 수줍게 앉은 섬
은모래 해안선 바라보니 그대모습 아니든가

뭍에서 길어온 상흔들 훌훌 털어
옥녀봉에 부려놓고 오가는 탁주 한 잔
여기에 그대와 앉았으니 무릉도원 다름없네

보리피리

남도를 돌고돌아 청보리 밭에 서니
유년의 기억들이 바람결에 일어나고
할매의 보리피리가 그 세월을 부른다.

허기를 채우려고 이삭 줍던 거친 손
손주를 앞세우고 보리밭 좇는 사연
아, 너는 알고 있느냐 보리고개 사연을

비밀

마음의 집 지은 날 하늘도 눈 감았다.

고쟁이 주머니 속 비상금이 이만하랴

슬며서 입꼬리가 올라 가던 길을 멈춘다.

민들에 홀씨 되어

외로운 들꽃 하나 비바람 얼룩지고
터엉빈 가슴 속에 호수 하나 덩그렇다.
울타리 없어진 그 곳 장돌뱅이 지나고

때를 잃은 철새들 민들레 홀씨 되어
막연한 나래 짓에 쉴 곳을 찾으려다
호수에 내려앉는다 꿈길처럼 어느 밤

행복

널 찾아 부르튼 발 알고도 속은 세월

어떻게 생겼는지 널 보면 알아볼까

먹구름 행간 속에 비친 외줄 빛띠 너였구나

반지

자꾸만 쳐다보니 눈앞이 어룽어룽

하룻밤 남겨두고 떠나간 그 세월이

손가락 한 가운데서 점 하나로 박힌다.

마흔 다섯 고개

어디쯤 와 있는가 어디로 가야 할까

빈손으로 왔다가 빈손으로 간다기에 수위할 줄 알았어. 봄날의 황홀함은 잠시… 흐림, 비 옴, 개임 그리고 또 흐리더니 긴 장마에 한숨과 상흔들이 쌓여 장독을 여닫는 소리만 커지더니 곱지 않은 상처로 심장마저 골절이 생기더라. 세월이 약이라는 말로 또 한 번 속았으나 작은 산을 넘어서며 대견하다 손뼉을 치지도 전에 더 크고 작은 산들이 어느새 머리맡에서 구름을 만들고 눈앞에 다가와 컴컴한 얼굴로 고개를 스윽 내밀더라. 어허라~ 피할 수 없으면 즐기라 누가 말했는지 그 친구의 쓴 소리가 영 헛소리는 아니었지만 내심 억울함이 사라지지 않은 걸 보니 내 나이는 숫자에 불과할 뿐 아직도 철들지 못함이여, 부끄러움이여! 오늘도 밤길에 비단 옷을 걸치고 골목을 들어서는데 불현듯 낯선 가로등, 낯선 골목길에 내 앞을 가로막는 그림자는 또 무엇이더냐?

차마 차마 버리지 못한 오욕칠정의 무게로 일그러진 내 그림자를 확인 하는 순간 흉통이 숨구멍을 옥조인다. 아아! 차라리 모든 걸 멈추고 싶다는 충동을 느끼는 순간 머리를 치는 생각 하나, 아직도 갚지 못한 원죄가 남았나 보다 죽음조차 오만한 생각이었다고

가야지
그래도 쉬엄쉬엄
고개 넘고 강 건너

동행

이제야 알은 게야 알게 되면 보인다네
보이면 애틋하고 애틋함은 함께임을
제천장 함께 길 떠난 허생원과 동이야

손잡고 출발해도 종점이 같을 수야
길 가다 내미는 손 무던히 잡아보게
마지막 동행은 아니어도 이 순간은 최선이야

운명

손금이 휘어돌다 샛길로 빠진 자리
그 곳에 내가 서서 하늘을 쪼고 있다.
제 길이 잡힌다치면 무엇인들 못할까

업보란 말이 있어 내 볼에 박힌 점도
이 모두 손금 가듯 나의 길이 아닐까 싶어
꽃잎에 놓인 이슬을 물끄러미 바라본다.

땅끝 마을에 서서

한아운의 보리피리 이곳에 올 때쯤이면

저기 저 등대 빛도 함께 너울거렸을라

어디서 울던 고동이 土末까지 들리네.

내 인생의 30분

닮음꼴 유속으로 흐르던 사랑노래
수시로 좌충우돌 폭포와 낭떠러지
두 눈을 부릅떠야만 해 길은 있어 눈을 떠

심신이 찢어질 듯 공포의 소용돌이
땀으로 흙탕물로 복명을 마주하리
기도를 가슴에 안고 노를 젓자 여엉차

소망과 눈물 없이 한 발도 갈 수 없어
너와 나 우리 함께 입 맞추고 부벼 안고
삼십분 래프팅 무대 백년만큼 길어라

외출

허기진 세월 앞에 고삐까지 풀리나보다
봄볕을 잠시 빌어 뽀얗게 벙근 목련
그 무슨 당김이 있어 나를 부르는가

소경이 길을 찾아 사방을 더듬듯이
바람이 들을 가듯 헤매고 온 날이면
구두코 뽀얀 먼지가 별스러운 문턱 앞

쉼표

폭발한 살구꽃을 떨군다 미련 없이
간밤에 폭풍우는 제 살을 훑어내곤
노오란 살구하나를 가슴속에 품었다.

외발 자전거는 모른다 정지선을
내 삶의 지평에도 빨간 등이 켜지던 날
비로소 쉼표 하나를 들꽃 위에 얹었다.

외출 2

사람이 그리웠어 그러니까 그것이

잠시만 아주 조금 기대고 싶었는데

어쩌나 멀리 와 버렸네 돌아갈 길 멀어라.

단풍나무 아래서

너를 향한 연정이 이토록 검붉더냐
파아란 하늘 향해 간절히 빌어본다
진하디 진한 그리움 노란 은행 되었구나.

견디는 것

풍경이 우는 것은 바람이 지남이라
내 가슴 떨리움은 그대가 있음이라
사랑은 고통이 있기에 흔들리며 피는 꽃

3.
그럼에도, 살고 싶다

삶의 무게가 무거울수록
행복의 거리라 멀어질수록
더욱 더
살아야겠기에
오늘도 하루를 버텨내며 산다.

독백

피 묻은 언어들이 '옹알이' 하는 날엔
정갈히 씻은 언어 행간에 줄 세우며
속울음 참지 말라고 토닥토닥 두드림

섬

세상이 커질수록 불빛이 환할수록
왁자한 세상살이 사람들 북적일 때
갑자기 눈 감고 귀 막아 섬이 되는 나는 나는

고향

누구나 해 봄직한 이야기 한 줌 거리
'고향이 어딘가요 어머나 동향이네'
처음 본 사람들끼리 고향소식 여물고

행복 2

꽃밭을 일구고서 꽃 보기 청해보라
준비 없는 기다림에 행복은 어림없어
한 올씩 매듭을 짓고 들꽃처럼 웃어라

허상

보이는 것만을 신뢰할 때 삐보삐보
눈앞의 그 무엇이 허상일 수 있으니
함묵의 진중함으로 후회 없는 선택을

어머니

한여름 긴 장마에 보리죽도 간 곳 없고
애꿎은 항아리만 쓸고 닦고 끌어안고
한숨을 여닫는 소리 장독대에 녹인다.

기도

아무 일도 일어나지 않는 하루이길
눈 뜨며 기도해요 순한 마음 바쳐
평온한 하루하루가 축복인걸 알기에

무대를 내려오면

나는야 조연배우 내 별명 감초라네
무대 위에서는 무명의 조연배우
무대를 내려온 순간 내 인생의 주인공

위로

소식이 궁금하나 묻기도 어려우니
모쪼록 잘 있으라 좋은 기운 보낸다고
펜으로 쓴 편지를 받고 보고 보고 또 읽고

유행가

가사가 내 얘기야 그렇게 말하곤 해
사람들 사는 모습 모두가 다 주인공
쓴맛을 아는 이들의 눈물 섞인 노랫말

詩는

위로며 감동이고 낯선 길 이정표다
인생의 고갯마루 마주친 그루터기
어느 날 운명 같은 조우 너를 위한 노래다.

바다

토라진 뾰족 입술 살며시 웃게 하고

사연을 봇물처럼 쏟아내고 쉿! 비밀

속 깊고 큰 덩치만큼 넓은 가슴 그대여

나침반 2

어디쯤 서 있는가 어디로 가고 있지
부릅뜬 두 눈으로 허공을 가르는 손
차라리 눈 감아보자 저만치에 등대 빛

그대는 숲

숨 쉬고 싶어져서 네 품을 헤집는다
고열을 내려주고 찬 가슴 안아주니
생명을 살게 하는 것 그게 너의 일이야.

아버지

한여름 태양아래 들녘을 짊어지고
한겨울 혹한에도 육남매 품으셨지
한없이 크게 보이던 느티나무 그늘 숲

말술의 아버지를 닮지도 못한 나는
막걸리 한 사발에 혼쭐나 쓰러지고
희뿌연 눈물 속에서 너털웃음 듣는다.

詩作

창 밖에 단비 내려 생명을 세우는데
빗소리 살그머니 찻잔에 내려앉고
고요한 내 영혼 속엔 시어들이 꿈틀꿈틀

착시

보이지 않으면 무엇인지 모르지요
보여도 보고 싶은 것만 보면 안 보이죠
아뿔사 보이는 것은 빙산의 일각인 걸

여백

달리는 기찻길에 남겨 둔 틈새 하나
대나무 숲 속의 핏줄 같은 오솔길
참았던 날숨을 몰아 강물에게 내어주렴

청춘은 가고

곱구나 고와 아직 젊어 좋겠다
팔순이 웬말이냐 마음은 춘향이여
구순의 어른 눈에는 그저 마냥 부러워

불면증

다시는 벗하지 않으리라 너와는
몇 날을 함께해도 도무지 정이 안 가
사위가 고요할수록 찾아드는 불청객

달팽이처럼

스멀스멀 천천히 속살을 움찔인다.
혹한과 폭염조차 살아가는 이유인 걸
찢어진 등껍질로도 포기하지 않는 너

가끔은 훌훌 벗고 날고 싶은 흔들림
천의 향 만 가지 웃음 속에 감춘 비밀
누구나 달팽이 껍질 같은 삶의 무게 있겠지

오늘도

허리가 휘청휘청 부러지지 않으려고

찬 바람 이슬비에 콧등을 씻기우며

수시로 치맛자락을 꽈악 잡고 있단다.

飛上

열두 살 아들 녀석 키 재기 해 보잔다
밝은 귀 총총 눈에 고운 꿈 그려놓고
그것도 모자란 걸까 날개짓이 안타까워

삶의 길목에서

퍼즐조각 하나를 끝내는 버려두고
길 잃은 사슴처럼 허공을 응시하다
발목에 채인 덫 보며 얼굴하나 그린다.

내 뜨락에 진달래가 피었어 피었구나
키다리 아저씨가 문을 열어 놓았을까
웃음꽃 사랑의 꽃도 시나브로 피겠지

끝은 언제나 시작

막다른 골목에서 하늘만 바라본다
인형처럼 한 곳만 응시한 숱한 세월
이제는 또 어디를 향해 질주해야 하는가

눈 감고 걷던 길이 눈 뜨니 낯설어라
함박꽃 웃음소리 차라리 애처로운
길고 긴 여름날, 지금이야 열려라 판도라 상자

쉼표 2

천리마 앞세워 지름길 재촉하니
욕심으로 눈멀고 사람마저 잃는구나
지금은 또 한 번 숨고를 때 때가 되면 꽃 피우리

문자 왔어요!

잠시도 내 안에서 떠날 줄 모르는 너
눈 뜨고 하루 종일 밤잠도 잊은 채로
따리릭~ 문자 왔어요 울고 웃는 영혼들

정지된 심장박동 행여나 그대일까
환청만 빈 가슴에 허락없이 들락날락
드디어 '카톡 왔시유' 묵언수행 이제 끝

세상 밖으로

농담처럼 쌓아올린 세월 속 고집들이
혼이 되고 말이 되어 담벼락을 만들었다.
돌멩이 바윗덩어리 파편들이 옹박혀서

왜 진작 몰랐을까 세상을 외면한 채
스스로 갇힌 시간 거울 속 낯선 얼굴
지리한 장맛비 내리니 토담 벽에 금이 간다.

나무처럼

너와 나 우리도 은행나무 닮아보랴
적당한 거리에서 온기를 주고받는
나무의 거리만큼만 지혜롭게 살고파

위로(慰勞)

그저 말없이 바라봐 주는 거야
눈물을 묻지 말고 두 손을 잡아주며
한동안 아무 말 없이 기다려 주는 거야

새벽 나들이

고요한 새벽 소리 없는 고질병이 도진다.

긴장, 설렘, 기대, 절망 속에서도 새살이 돋는가 싶더니 아려오던 가슴에 멍울이 단단하다. 무릎 꿇어 기도 했다. 여인으로 살기를 포기하고 숨소리마저 거절하고 싶은 세월 속에 갇혀 그렇게 나는 어서 오그라지길 바라고 바라왔다. 내 밖으로 나를 내 보내고 싶었지만, 내가 아닌 나로 다시 살고 싶었지만 겁쟁이가 할 수 있건 건 아무것도 없었다. 내 맘대로 살다가 가고 싶을 때 돌아가고 싶었지만 그 역시 녹녹하지 않은 세상이었다. 영화의 주인공은 머릿속을 초기화하고 싶다고 외쳤듯이 나 역시 그 마음과 다르지 않았다. 진정 그럴 수만 있다면 정신 줄을 놓아버린 빗속의 여인이어도 좋을 거라고 부러워했다면 돌팔매를 맞을 생각일까? 끊임없이 찾아드는 생각을 도마뱀의 꼬리를 자르듯이 단절시킬 수 있다면 내가 가진 다른 어떤 것이라도 내어 놓고 싶었어.

빠른 체념과 아니, 기대조차 하지 않는 단순한 일상으로 적당히 헤픈 웃음을 날리며 텅 빈 머리로 살아가는 것도 그리 나쁠 것 같지 않다. 그런데 말이야 모든 희망사항대로 실천하지 못하고 현실에 꽁꽁 묶여 있는 나는 사람들 속에 섞이지 못한 채 산으로 산으로 도망치고 있었다. 특별히 오늘처럼 새벽 등산길에 넋두리를 쏟아내며 비겁하고 용기 없는 번민을 향해 화살을 날려 산 속에 묻어 두고 아무 일도 없었던 것처럼 나는 산을 내려와 삶 속으로 귀환했다.

아침이
날 삼켜버렸다
정장 입고 출근한다

산다는 것

사는 게 날마다 생방송 이기에
물위를 걸어가듯 두려워 조심조심
내일은 또 어떤 방송을 연출하게 될까요?

헌 옷의 미학

불룩한 무릎 선에 해질 듯 닳은 소매

지겨워 벗어 던진 그 마음 언제던가

어느새 어깨선을 타고 흐르는 살갗인 양 익숙함이여

미련

연잎은 제 몸을 가눌 만큼만
물방울을 이고 평생을 산다는데
제 몸이 찢기는 줄도 모르는 아 나는

새 봄

봄 봄 봄 새 봄이야 죽은 나무 물관에도

수액이 차오르듯 혈관이 붉어진다

철없는 사람의 기도마저 들어줄 것 같아라

여름

화덕을 삼켰을까 상기된 두 볼들이
강턱에 자리하고 더위를 털어내면
강물은 가난한 마음들을 바라보다 보듬고

적삼 밑 흐르는 땀 초록을 키워내고
손금에 배인 물기 사람을 치세우네
불같은 열정이 춤추는 여름한철 장하다.

식물인간

포효하던 동물의 박제품 앞에 서면
병마의 눈동자가 엽전같이 떠오른다.
시간을 끊고 있는 소리 링거액의 떨림을

지금은 철거 중

네 집에 스며 산 지 오래다 이제 보니
나직이 엎드린 담쟁이 덩굴처럼
목마른 영혼을 적셔주던 우물 깊은 앞마당

세월을 토해낸다 온 몸이 흉상이다
녹이 슨 철근 속 단층의 사연들을
지금은 철거중이다 하나부터 열까지

가끔은 무뇌아처럼

시간을 내몰다가 오히려 갇히곤 해
수평선 저 너머에 묻어 둔 발자국은
파도를 타고 흘러와 가슴께로 얹히고

강턱에 꼬리연들 얼룩진 사연 싣고
비상을 꿈꾸는가 또 낯선 심연으로
얄미운 강바람 따라 이리저리 도리질

눈 감아 보았었지 귀 막아 보았단다.
어둠은 대낮보다 섬세한 떨림인 걸
가끔은 무뇌아처럼 굶고 싶어 생각을

유배를 거부하며

삶은 유배다 허기진 고도이다
내 울 밖 옛날같이 해와 달은 돌고 있고
풀잎을 물고 온 비둘기 너로 인해 잠 깬다

노란 나비 돌다 간 빈자리 생각하듯
댓닢이 울다 버린 이끼풀이 따숩듯이
내 자리 옹색한 맛을 풀어보고 싶어라.

어떤 생일

그깟 게 무어라고 내 한 게 뭐 있다고
미역국 수수경단 해내라 졸랐단다
어미가 죽을 고비 넘긴 걸 너무 늦게 알았다

삶

버리고 또 버려도 아직은 남은 분진

결 고운 햇살 아래 강물로 휑궈보자

내일은 오늘보다 나은 조각웃음 꿈꾸며

운명

네 손을 잡았던 게 운명이라 여겼듯이
내 손을 놓는 일이 그 또한 운명이니
무엇을 서러워할까 하룻밤도 인연인 걸

삶 2

까르르 어린 아이 첫나들이 걸음처럼

목발에 얹힌 무게재활의 육순이라

서산에 걸린 해님도 눈을 떼지 못하고

길

바람은 안다든가 제 갈 길 눈 감고도
한 길 속 내 욕심은 흩어져 허둥대고
귓전엔 미로를 질주하는 차량들의 숨소리

초혼

비워 둔 가슴 속에 출렁이는 그리움
간절한 마음으로 초혼을 노래하나
영겁을 기다려본들 만질 수가 없는 걸

봉하창 시조집

그리움은 꽃이 되고

2018년 4월 20일 초판 1쇄 발행

지은이 봉하창 | 펴낸이 김은영 | 펴낸곳 북 나비
출판신고 2007년 11월 19일 제380-2007-00056호
주소 04992 서울시 광진구 천호대로132길 6-7 (구의동, 1층)
전화 (02)903-7404, 팩스 02-6280-7442
booknavi@hanmail.net
www.booknavi.co.kr

© 봉하창 2018
ISBN 979-11-6011-030-2 03810
값 10,000원

※ 잘못된 책은 바꿔 드립니다.

이 도서의 국립중앙도서관 출판예정도서목록(CIP)은
서지정보유통지원시스템 홈페이지(http://seoji.nl.go.kr)와
국가자료공동목록시스템(http://www.nl.go.kr/kolisnet)에서 이용하실 수 있습니다.
(CIP제어번호 : CIP2018011518)159